Dr. Flora Peschek-Böhmer

# Der 5-Minuten-Yogi

**Kurze Entspannungsübungen im Büro, zu Hause und unterwegs**

Mit Zeichnungen von Julia Chiandone

Originalausgabe

WILHELM HEYNE VERLAG
MÜNCHEN

Sicherheitshinweis:
Alle Angaben in diesem Buch beruhen auf dem aktuellen Stand von Wissenschaft und Forschung. Grundsätzlich sollten jedoch alle Befindlichkeitsstörungen mit einem Arzt besprochen werden, ehe eine Selbstbehandlung vorgenommen wird. Insbesondere muß abgeklärt werden, daß die vorliegenden Beschwerden nicht Symptome von Krankheiten sind, die dringend ärztlicher Behandlung bedürfen. Für den Erfolg bzw. die Richtigkeit der Anwendungen in jedem Einzelfall können Autoren, Produzenten oder Verlag keinerlei Gewähr übernehmen.

*Umwelthinweis:*
Dieses Buch wurde auf
chlor- und säurefreiem Papier gedruckt.

Copyright © 1998 by Wilhelm Heyne Verlag GmbH & Co. KG, München
Printed in Germany 1998
Fachlektorat: Corinna Hembd
Konzeption und Realisation: Livingston Media, Hamburg
Redaktion: Martin Bauer
Gesamtbetreuung: Christine Proske (Ariadne Buchkonzeption)
Umschlagillustration: Elmar Kohn, Landshut
Umschlaggestaltung: Atelier Adolf Bachmann, Reischach
Innenillustrationen: Julia Chiandone
Satz: DTP/Walleitner
Druck und Bindung: Pressedruck, Augsburg
ISBN 3-453-13472-9

# Inhalt

Für Carlo am 22. August 1996

# Was ist eigentlich Yoga, speziell Hatha-Yoga?

Yoga ist eine uralte Meditationstechnik, mit deren Hilfe Körper, Seele und Geist in Harmonie vereinigt werden sollen. Es gibt die unterschiedlichsten Methoden. Die meisten (z. B. Pana-Yoga) haben einen starken philosophischen Hintergrund. Mein Interesse an der Medizin führte mich zum Hatha-Yoga, das ich seit vier Jahrzehnten ausübe und lehre. Hatha-Yoga benutzt die Methode des Spannens und Entspannens, des ruhig fließenden Atems zur Bekämpfung ganz klarer körperlicher Beschwerden.

Hatha-Yoga ist vor allem eine Körper- und Atemschulung, die auf den an sich in der Yoga-Lehre enthaltenen philosophischen Überbau verzichtet. Trotzdem erfaßt auch diese Methode den Körper in seiner Gesamtheit, nicht nur seine physischen Teile, sondern auch deren physikalisch-chemisches Zusammenspiel. Alles zusammen ist Körper. Und allem zusammen gilt diese Yoga-Technik.

Wenn man sich sportlich bewegt und den Körper dabei nur fordert, trimmt, dann ist man anschließend erschöpft, oft wie zerschlagen. Das genau soll bei Yoga nicht so sein.

Wenn ich nach einem langen Tag am Abend noch drei Stunden Hatha-Yoga unterrichte, dann komme ich oft todmüde beim Kursus an. Und ich finde eine Gruppe genervter, vom Arbeitstag erschöpfter Frauen und Männer vor.

Und nach einer Stunde lächeln diese Gesichter. Die Körper sind entspannt, auch die Erschöpfung ist gewichen. Mit neuer Energie ist Wohlbefinden entstanden. Und wer sich wohl fühlt, lächelt leichter. Auch ich erlebe es immer wieder staunend: Ich beginne den Unterricht müde und lustlos, doch nach drei Stunden fühle ich mich richtig erholt und frisch.

## Wer nie losläßt, bekommt Verspannungen

Wir alle stehen viel zu sehr unter Spannung, oft vom Aufwachen bis zum Schlafengehen. Wir bemühen den ganzen Tag viel mehr Muskeln, als für den Ablauf unserer Bewegungen nötig wäre. Das kann jeder ganz leicht nachprüfen: Wenn Sie an der Bushaltestelle warten, achten Sie einen kleinen Moment darauf: Sind Schultern, Hände, Nacken locker oder in Spannung gehalten?
In einer morgendlichen Konferenz: Ist die Position für den Rücken angenehm? Sind die Beine entspannt? Die Schultern locker?
An der roten Ampel, eingeklemmt hinterm Steuer. Checken Sie mal: Ist der Griff am Lenkrad gelöst? Sind die Beinmuskeln entspannt?

Selbst ein Entspannungskünstler ertappt sich immer wieder dabei, daß er den Körper zu sehr verkrampft. Das heißt, unnötig Muskelkraft zu vergeuden und damit mehr Sauerstoff als erforderlich zu verbrauchen. Denn jede Muskelarbeit verbrennt letztlich Sauerstoff. Der fehlt dann leicht woanders. Schnelles Ermüden, nachlassende Leistungskraft sind Anzeichen von vergeudetem Sauerstoff.

Permanentes Spannen führt zu Verspannungen. Verspannung aber zieht Verkrampfung nach sich. Das wird in vielen Gesichtern deutlich: Harte Linien und Falten entstehen, der Mund wird schmal, die Augen verlieren ihren Glanz. Andauernde Verspannungen verursachen Schmerzen. Das macht den Alltag zu einem Kreislauf von Bettschwere am Morgen, Müdigkeit am Tag und Übermüdung am Abend. Allzu leicht bleibt die Lebensqualität auf der Strecke.

## Ferien vom verspannten Ich

Viele Menschen klagen heutzutage: »Ich bin so müde und kaputt, dabei schlafe ich zu Hause doch fast nur noch.« Näheres Befragen ergibt oft, daß diese Menschen zwar neun und mehr Stunden im Bett verbringen, aber unruhig schlafen und oft mitten in der Nacht aufwachen. Kein Wunder, daß diese Menschen langsam verzweifeln.
Freizeit und die richtige Menge Schlaf sollen der Erholung dienen. Doch die können Sie nur finden, wenn Sie lernen, aus permanenter Spannung bewußt zur Entspannung zu kommen. Zu einer Entspannung, in der sich gesunde Spannkraft sammelt, so daß bewußt und gezielt neue Spannung da eingesetzt werden kann, wo sie wirklich nötig ist – und nur da.

Dieses Buch gibt kleine Hilfen für den Alltag und verrät Übungen, die jeder überall dazwischenschieben kann. Sie kosten nur fünf Minuten. Niemand sonst muß es merken. Sie brauchen keine Turnhalle, kein Gerät, keine spezielle Kleidung. Diese Übungen kann man in jedem Alter machen, im Büro wie am Herd, im Fahrstuhl wie im Supermarkt. Und natürlich zu Hause. Es geht nur um die Bereitschaft, es einmal zu probieren. Der sofort einsetzende Erfolg, dieses Sich-wohl-Fühlen, macht dann selbst aus Bewegungsmuffeln ganz schnell überzeugte Yoga-Anhänger mit ihrer eigenen Art von Fitneß.

## Hören Sie auf Ihren Körper!

Um Hatha-Yoga auf seine Wirkung zu testen, sollte man den Versuch allerdings ernst nehmen. Wer nicht bereit ist, sich darauf einzulassen, der kann auch keinen Erfolg erwarten. Es ist keine Zeitfrage, sondern eine Frage der Bereitschaft, loszulassen. Loslassen heißt: Für einen Moment aussteigen aus dem Müssen und dem Wollen; das Sollen vergessen und für fünf Minuten eintauchen in Ruhe und Gelassenheit. Sich nach innen wenden, auf den Körper hören, ihn abfragen. Er signalisiert dann schon, wo die Spannungen sitzen, wo Entspannung not tut. Und wer noch nicht so weit ist, daß ihm dann sofort am Schreibtisch oder in der U-Bahn die richtige Übung einfällt, der hat schon viel gewonnen, wenn er nur nach innen lauscht, losläßt und atmet, das Atmen bewußt erlebt. Die Konzentration holt die Aufmerksamkeit von außen nach innen.

Dann wird der Atem in der Vorstellung genau dort, wo Schmerz Verspannung signalisiert, zur fließenden Massage. Jedes Ausatmen heißt: loslassen! Jedes Einatmen ist ein massierendes Darüberstreichen.

Die Grundvoraussetzung dieser Konzentration nach innen ist – wie bei jeder Yoga-Übung – die Fähigkeit, loszulassen. Einen Moment auszusteigen aus Verantwortung und Anspruch. Die stets fordernden Gedanken erlahmen zu lassen, egozentrisch zu werden, sich gehen zu lassen, sich selbst der nächste zu sein.

Loslassen heißt – und wenn es auch nur für fünf Minuten ist –
■ das Gesicht verlieren
■ haltlos sein
■ sich gehen lassen
■ sich selbst der nächste sein.
Denn: Nur aus der Entspannung wächst neue Spannkraft.

## Wer jetzt den Terminkalender zückt, ist auf dem falschen Weg

Hatha-Yoga ist kein Sport und sollte auch nie dazu ausarten. Über Atemschulung versucht es, die Haltung zu verbessern, die Gelenke beweglich zu halten, Sehnen und Bänder elastischer zu machen und die Muskeln zu trainieren; dies alles, ohne das Herz zu belasten. Yoga ist keine Frage von Leistung, von Ehrgeiz und schon gar nicht von Terminen. Der Körper wächst langsam mit dem Üben in seine eigenen Möglichkeiten hinein – individuell. Dem einen wird es immer schwer fallen, die Beine ganz durchzustrecken, der nächste kann seine Zehen nicht auseinanderspreizen; manchem mögen alle Bauchmuskelübungen leichtfallen, während andere sich wiederum spielend zur Kerze aufrichten.

Man soll nie danach fragen, was jemand anderes zu tun vermag, sondern nur die Möglichkeiten des eigenen Körpers in Wohlbefinden sanft trainieren. Mit der Zeit erreicht jeder für sich weit mehr, als er je für möglich gehalten hätte. Und fühlt sich dabei richtig gut! Wenn man einige Monate regelmäßig ein bißchen geübt hat, wird der Atem voll, tief und ruhig. Das Nervensystem wird ausgeglichen, der Körper beweglich in allen Gliedmaßen. Der Stoffwechsel reguliert sich langsam dahingehend, daß unnötiger Appetit nachläßt und überflüssige Polster verschwinden; Gelenkigkeit sowie Wohlbefinden nehmen zu.

Wer sich körperlich kräftig und einsatzfähig fühlt, der wird auch psychisch gelöst und freundlich. Die Lebensqualität nimmt ebenso zu wie das Gefühl, liebenswert zu sein und sich selbst zu lieben. Die Philosophie hinter allen Yoga-Arten ist die des Ja-Sagens. Alles, was man seinem Körper abverlangt, soll positiv motiviert und kein Zwang sein. Ein freundlicher Dialog mit dem Körper soll entstehen. Zwingen Sie sich nicht zu den Übungen, sondern schenken Sie sich diese fünf Minuten täglich fürs eigene Wohlbefinden.

Unsere Lebenserwartung steigt permanent. Wir wollen 80 werden, aber bitte gesund, mit klarem Kopf, unternehmungslustig und mit unverminderter Freude am Leben. Gleichzeitig läuft unser Leben in belasteter Umwelt ab. Wir atmen schlechte Luft, wir essen zu viel und zu unbedacht, wir bewegen uns zu wenig oder zu einseitig. Yoga versucht gegenzusteuern. Yoga ist Training gegen das Leiden am Streß des Alltäglichen.

Die Zielsetzung lautet:
- sich wohl fühlen
- nicht Muskeln aufbauen, sondern lockern
- offen werden
- freundlich sein, lächeln lernen
- allgemein fit werden
- den eigenen Körper erfahren
- keine künstliche Haltung einnehmen, sondern sich selbst entdecken
- sich selbst mögen.

## Spaß in der Yoga-Pause!

Yoga soll Freude machen, man soll sich wohl fühlen dabei. Es ist nicht der Sinn, sich zu einem bestimmten Programm zu zwingen oder im Terminplaner Yoga-Viertelstunden zu notieren.

Am Anfang steht das Ausprobieren. Dann kommt das Bedürfnis von allein – aus dem Gefühl, daß es einem gut tut.

Es bieten sich die vielen kleinen ungenutzten Zeiten des Alltags an: Wenn man am Herd wartet, daß die Milch kocht, oder am Steuer, daß die Ampel grün wird, wenn man den Einkaufswagen zur Kasse des Supermarktes schiebt oder im Restaurant aufs Essen wartet, wenn man übermüdet das Fenster des Büros öffnet oder das Baby wiegt, bis es einschläft. Das alles sind Möglichkeiten für eine kleine Yoga-Pause.

Das erste Gebot dabei heißt stets: ruhig werden, loslassen, den Atem beobachten. Schon wer bewußt einige tiefe Atemzüge in Zwerchfell-Atmung (siehe Kapitel »Zum richtigen Atmen«) macht, schafft sich eine kleine Yoga-Pause. In diesem Buch stelle ich Ihnen ein breites Spektrum von Übungen vor, aus dem Sie diejenigen wählen können, die sich für Ihre Situation am besten eignen.

Suchen Sie sich nach Ihren Bedürfnissen eine, zwei, drei oder vier Übungen aus, die Sie dann jeweils fünfmal durchführen. Die Gesamtdauer sollte zu Beginn fünf Minuten nicht überschreiten. Bitte hetzen Sie sich nicht. Wenn Sie am Anfang für eine Übung schon fünf Minuten brauchen, ist das völlig in Ordnung. Je besser Sie diese Übungen beherrschen, desto zügiger können Sie sie später durchziehen. Und natürlich können Sie Ihr eigenes Trainingsprogramm zeitlich beliebig ausdehnen, wenn Sie merken, wie gut es Ihnen tut. Übertreiben sollten Sie aber auf keinen Fall.

## Ökonomisch atmen –
## was ist das?

Fast jeder atmet unwirtschaftlich. Flache, schnelle Atemzüge kosten den Körper viel mehr Kraft als ruhiges, tiefes Luftholen. Vor allem Frauen atmen oft zu flach. Während der Pubertät, wenn die ersten Monatsblutungen schmerzhaft einsetzen, gewöhnen viele Mädchen sich an, den Bauch möglichst unbewegt zu halten, ihn nicht vom Atem erreichen zu lassen. Und später soll der Bauch, irgendeinem Schönheitsideal gehorchend, möglichst flach sein, also wird er bewußt oder unbewußt eingezogen.
Richtiges Atmen bedeutet, den benötigten Sauerstoff mit ruhigen und gleichmäßigen Zügen einzuatmen.

Wir haben zwei Lungenflügel, wobei der linke, durch das Herz bedingt, etwas kleiner ist als der rechte. Die Luft sollte beim Einatmen immer durch die Nase fließen, weil dort kleine Flimmerhaare Staubpartikel festhalten und die Luft auf eine körpergerechte Temperatur gebracht wird, ehe sie die Lungen über die Luftröhre erreicht. Saugen Sie die Luft ganz tief in Ihre Lunge! Versuchen Sie, ebenso gründlich auszuatmen! Wichtig ist dabei: Nicht Sie entscheiden, wie oft Sie atmen, sondern Sie lassen Ihrem angeborenen Atembedürfnis freien Lauf. Nach jedem Ausatmen signalisiert Ihr Körper nämlich, wann er wieder Sauerstoff benötigt. Wir haben nur vergessen, darauf zu achten.

# Zum richtigen Atmen

## Wichtige Grundregeln

Bei jeder Atemübung ist Ruhe ganz besonders wichtig. Nicht ich atme, sondern es atmet mich! Der Atem geschieht von allein, man kann ihn nur in der einen oder anderen Weise steuern, indem man ihn beobachtet und bewußt erlebt und lenkt.

So paradox es klingen mag: Versuchen Sie nicht, aktiv Ihre Atmung zu verändern, sondern lassen Sie einfach Ihren Körper für sich atmen. Bewußtes tiefes Atmen führt nämlich leicht zu Hyperventilation, einem Überangebot von Sauerstoff im Blut. Schwindel und Blutandrang im Kopf sind die Folgen, die vermieden werden sollen.

Leistungsschwimmer setzen kurzfristig diese Hyperventilation bewußt ein, um auf dem Startblock, kurz vor dem Start, so viel Sauerstoff in die Blutbahn zu holen, daß sie möglichst weit tauchen können und ihnen sofort ein Maximum an Muskelarbeit möglich ist. Meine ersten sieben Übungen werden Ihnen die Praxis des richtigen Atmens nochmals verdeutlichen. Sie sollten auf Dauer versuchen, immer mit dem Zwerchfell, also möglichst tief, zu atmen.

## 1. Übung: Zwerchfell-Atmung

Beim Einatmen tritt das Zwerchfell tiefer und erweitert so den Brustraum auf Kosten des Bauchraums nach unten: Der Bauch wölbt sich nach außen. Mit dem Ausatmen ist die Bewegung genau rückläufig.

Übt man die Zwerchfell-Atmung, dann legt man beide Hände locker unterhalb des Bauchnabels auf die Bauchdecke, die sich im Atemfluß deutlich dehnend und wieder nachgebend bewegen soll. Das ist sowohl im Liegen wie im Stehen und Sitzen möglich.

Man sollte nie versuchen, absichtlich schnell und tief zu atmen, sondern den Atemreiz sich von allein entfalten lassen. Ihre Haltung ist eher beobachtend und fördernd als fordernd. Die Zwerchfell-Atmung sollte zur hauptsächlichen Grundatmung werden.

Die Zwerchfell-Atmung versetzt den gesamten Bauchraum in eine ruhige, rhythmische Bewegung. So wirkt diese Übung anregend auf den Stoffwechsel und die Verdauung; die Entschlackung wird gefördert. Zugleich wirkt sie lösend und befreiend bis in die Seele hinein. Ein großes Aufatmen geht durch den ganzen Menschen.

## 2. Übung: Brustkorb- oder Breiten-Atmung

70 Prozent aller Menschen atmen nur in einer reduzierten Form und verzichten dadurch ein Leben lang darauf, dem Organismus so viel Sauerstoff anzubieten, wie möglich wäre. Das Atemvolumen ist eingeschränkt, die Lungen füllen sich nur im oberen und mittleren Bereich, die Atembewegung läuft mehr in die Breite als in die Tiefe.

Bewußt eingesetzt werden kann die Brustkorb-Atmung zum <u>Lösen von Verspannungen im Brustraum</u> (im Bereich der Brustwirbelsäule), wobei es auf das völlige Loslassen beim Ausatmen ankommt. Aber auch zum Raumschaffen im Brustkorb, zur Straffung der Brust und zur Anregung der Milchproduktion bei einer Stillenden kann Brust-Atmung hilfreich sein.

Man übt sie wahlweise im Stehen, Sitzen oder Liegen, indem die beiden Hände seitlich flach auf die Rippen gelegt werden, so daß die kleinen Finger rechts und links in der Taille aufliegen. Dann füllt und dehnt sich der Brustkorb unter den Händen deutlich in die Breite und kann beim Ausatmen von den Händen nachgepreßt werden. Danach unbedingt warten, bis der nächste Einatemreiz von alleine kommt.

### 3. Übung: Angst-Atmung

Frauen, die geboren haben, kennen diese Form der flachen Atmung aus der Geburtsvorbereitung. Hierbei wird möglichst schnell (zwischen zwei Preßwehen) <u>viel Sauerstoff</u> geholt, den man für höchste <u>Muskelarbeit</u> benötigt. Dabei füllt sich nur noch der obere Teil der Lungenflügel.

Man nennt diese kurze, flache Atmung auch die Angst-Atmung, weil der Körper in Streßsituationen automatisch auf sie umschaltet, um den Sauerstoff für Angriff oder Flucht bereitzustellen.

Parallel dazu erstarrt der ganze Körper, verkrampft sich in Angst. Der Sprachgebrauch sagt: Mir bleibt die Luft weg. Dann einmal bewußt lösend durchatmen, die Lungen ganz füllen, das löst oft auch die Angst.

Die Angst- oder auch Hechel-Atmung kann man im Stehen, Sitzen oder Liegen üben. Dazu legt man die beiden Hände flach unter den Schlüsselbeinen auf die Brust, so daß die Fingerspitzen auf dem Brustbein liegen, und fühlt die Bewegung unter den Handflächen.

## 4. Übung: Wechselseitige Nasen-Atmung zum Einschlafen

Das ist eine gezielt einsetzbare Atemtechnik, die ein gewisses Maß an Konzentration verlangt. Allein dadurch wirkt sie beruhigend. Gedankenwirrwarr gleitet in den Hintergrund, rhythmisches Gleichmaß entspannt das vegetative Nervenzentrum, die natürliche Müdigkeit kann sich entfalten.

Der Übergang zum Schlaf wird einfach. Deswegen hilft dieses Atmen bei Schlafstörungen – seien es Probleme beim Ein– oder beim Durchschlafen.

Man kann auf dem Rücken liegen, noch einfacher ist es in Seitenlage: Man beginnt vorzugsweise auf der rechten Seite (denn dann ist kein erhöhter Druck auf das Herz gegeben) und hat den rechten Arm bequem so abgewinkelt und aufgelegt, daß die Hand vor dem Gesicht ist.

Ohne Druck wird die Zeigefingerkuppe ganz leicht zwischen den Augenbrauen aufgelegt, während die Mittelfingerkuppe den untersten Rand des linken Nasenflügels berührt und die Daumenkuppe entsprechend den unteren Rand des rechten Nasenflügels.

Es bedarf fast keines Druckes, um nun im Wechsel mal die rechte, mal die linke Nasenseite zu verschließen und durch die jeweils andere aus- und auch wieder einzuatmen. Die Fingerkuppe ist dabei kaum zu spüren!

In der Vorstellung fließt der Atem langsam auf der einen Seite in die Nase, oben unter dem Zeigefinger hindurch und auf der anderen Seite aus der Nase, wo sodann der neue Atemzug von allein beginnt. Der Punkt zwischen den Augenbrauen ist ein Reflexpunkt des vegetativen Nervensystems. Die Vorstellung des leicht massierenden Flusses durch diesen Punkt wirkt entspannend und beruhigend. Die Konzentration auf diesen Atemfluß läßt alles andere langsam zurücktreten und abfallen. Die Schwelle zum Schlaf ist erreicht.

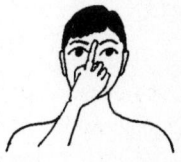

## 5. Übung: Ha-Atmung zur Belebung

Die Ha-Atmung wirkt <u>nervenstärkend und -anregend</u> und kann im Sitzen, besser noch im Stehen geübt werden.

Die Füße stehen hüftbreit auseinander fest auf dem Boden. Dann wird die Luft so kräftig und energisch durch die Nase eingezogen, daß die Nasenflügel leicht an die Nasenscheidewand gezogen werden und ein saugendes Geräusch entsteht. Hat man so die Lungen bis in die Spitzen gefüllt, wird der Mund geöffnet und die Luft mit

einem kräftigen, hörbaren »Ha« ausgestoßen, wobei der Körper etwas nach vorne nachgibt und der Bauch eingezogen wird.

Erst wenn sich der nächste Einatemwunsch von selbst meldet, beginnt man von vorn. Das ist etwa zehnmal zu wiederholen; verscheucht Müdigkeit und steigert die Leistungskraft.

## 6. Übung: Holzhacker-Atmung für starke Anregung

Die Holzhacker-Atmung wirkt noch belebender und kreislaufanregender als die Ha-Atmung. Sie sollte nicht von Menschen mit hohem Blutdruck ausgeführt werden, ist aber ausgesprochen <u>empfehlenswert bei niedrigem Blutdruck, leichter Müdigkeit und Neigung zu kalten Händen und Füßen.</u>

Man steht mit hüftbreit auseinander gestellten Füßen leicht nach vorn gelehnt. Ein Arm ist gehoben und einer gesenkt, beide Arme bleiben locker. Kräftig schwingen die Arme im Wechsel nach unten, während der jeweils andere gehoben wird: eine kraftvolle Bewegung wie beim Holzhacken.

Je nach Befinden übt man zehn bis 20 Sekunden lang, wobei der Pulsschlag sich kräftig erhöht (bis ca. 140 Schläge pro Minute), um sodann in wenigen Minuten wieder zu seinem Ruhe-Rhythmus zurückzufinden (ca. 70 pro Minute).

Ihren Atemrhythmus bestimmen dieses Mal Sie selbst. Mancher kann pro Atemzug nur zwei Schläge, andere können vier oder sechs ausführen. Auch während dieser Übung sollten Sie keineswegs in Hektik ausbrechen, denn sonst droht die Gefahr der Hyperventilation.


## 7. Übung: Volumen-Training durch das Atemkreuz

Man kann das Atemkreuz im Sitzen, Liegen oder Stehen üben; es dehnt, spannt und entspannt den ganzen Körper und gehört zu den besten täglichen Aufwach-Übungen.

Während des Einatmens werden beide gestreckten Arme langsam schräg vorwärts bis zu einem hohen V rechts und links des Kopfes gehoben und dann in den Schultergelenken so gedreht, daß der Daumen waagrecht nach außen zeigt und der Handteller nach hinten.

Das Heben füllt die Lungenflügel bis nach unten, die Drehung der Arme weitet die Lungen zusätzlich in die Breite, so daß ein größtmögliches Volumen aufgenommen wird.

Das von innen weitende, massierende Atemkreuz kann mit allen Übungen im Hatha-Yoga kombiniert werden und diese mit richtiger Atemtechnik ergänzen.

# Yoga-Übungen für den Alltag

Für die verschiedenen Tagessituationen sind hier Übungsmöglich-
keiten zusammengestellt. Jeder kann sich daraus auswählen, was
ihm leicht oder passend erscheint, je nachdem, wieviel Zeit man
hat, wieviel Kraft man investieren will, um neue Kraft zu gewinnen,
oder wo gerade eine Verspannung, ein Mißbefinden oder eine
Störung fühlbar sind.

## Schon morgens im Bett

Gleichgültig, ob man ausgeschlafen hat oder ein Wecker klingelt:
Man sollte nie direkt nach dem Aufwachen aus dem Bett springen.
Lassen Sie Ihrem Bewußtsein eine Minute, um vollständig an die
Oberfläche zu dringen. Die gleiche Zeit brauchen Herz und Kreis-
lauf, um sich auf die Anforderungen des Wachseins umzustellen.
Wirbelsäule, Gelenke, Sehnen und Bänder wollen geräkelt und ge-
dehnt werden, um dann arbeitsfähig und belastbar den Tag zu be-
ginnen. Kein Tier würde aus der Entspannung des Schlafs ohne
Räkeln hochspringen.
Und richtiges Räkeln löst notwendigerweise tiefes Gähnen aus: Die
Lungen holen sich eine schnelle, große Portion Sauerstoff.
An kleinen Kindern kann man beobachten, daß sie beim Aufwachen oder um eine Müdigkeitsphase zu überwinden ihre Ohrläpp-
chen fassen und ziehen und kneten.

Im Ohrläppchen liegen die Reflexpunkte des Kopfes. In der Akupunktur wird das durch Nadeln genutzt. Jeder kann es selbst leicht erproben.

Wenn man die Ohrläppchen zwischen Daumen- und Zeigefingerkuppe nimmt und sanft eine Minute knetet, vertreibt man Müdigkeit: Über gesteigerte Durchblutung wird die Sauerstoffzufuhr zum Gehirn erhöht, <u>Wachsein und Unternehmungslust</u> sind die Folge.
Leicht kann man in dieses Aufwachritual einige Yoga-Übungen integrieren. Das muß den Partner im Bett nebenan keineswegs stören. Insgesamt sollen die Übungen nicht länger als fünf Minuten dauern.
*Der Beginn:* Legen Sie die Hände auf den Bauch, und holen Sie in Zwerchfell-Atmung drei- bis fünfmal bewußt tief Luft. Und dann nehmen Sie die Übungen dazu, die auf Ihre Bedürfnisse zugeschnitten sind.

## 8. Übung

Das Kopfkissen beiseite legen, beim Einatmen den Kopf langsam heben und beim Ausatmen sanft drehen und mal aufs rechte, mal

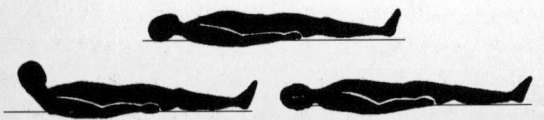

aufs linke Ohr ablegen; zu jeder Seite dreimal. <u>Gegen Verspannungen im Nackenbereich</u>.

## 9. Übung

Rechts und links mit den Ellenbogen aufstützen und die Schulterblätter so abheben, daß das Becken liegen bleibt und der Kopf nach

hinten kippt, um sich aufzustützen. Zweimal wiederholen. <u>Fördert die Sauerstoffzufuhr zum Hirn, macht wach, entspannt den Schulterbereich</u>.

## 10. Übung

Beide Beine anstellen und beim Einatmen mal mit dem rechten Fuß, mal mit dem linken oder mit beiden Füßen ein vorgestelltes Gewicht auf dem Bettuch nach unten wegschieben; beim Ausatmen das Bein wieder anstellen. <u>Gut für Lendenwirbelsäule und Hüften</u>.

## 11. Übung

Beide Beine anstellen und mit dem Einatmen das Becken heben, mit dem Ausatmen wieder ablegen; zweimal wiederholen. Diese Übung sollten Sie auf einem harten Untergrund durchführen, also entweder auf einer festen Matratze oder auf dem Boden. <u>Rückenschule</u>.

## Im Badezimmer am Waschbecken

Um dem Gesicht wieder seine natürliche Spannkraft zu geben und die Schlaffheit der Nacht zu vertreiben, hält man sich leicht am Waschbeckenrand fest, schaut in den Spiegel, atmet durch die Nase langsam ein, hält die Luft kurz an und bläst die Wangen so weit wie möglich auf, so daß noch Luft zwischen Lippen und Zahnreihen hin- und hergeschoben werden kann. Sodann wird durch den Mund ausgeatmet. Die Übung zwei- bis viermal wiederholen.
Dann einige Male den Mund so weit wie möglich, wie zu einem »A« aufreißen und entspannt wieder schließen.
Danach den Unterkiefer energisch nach links und rechts, vor und zurück verschieben.

Keine teure Creme wirkt so <u>gut gegen Falten</u> wie Grimassen zu schneiden und anschließend kaltes Wasser ins Gesicht und aufs Dekolleté zu klatschen!

### 12. Übung

Die Bauchschnelle: Vor dem Waschbecken stehend zischend durch den Mund ganz ausatmen, dabei leicht in die Knie gehen und mit beiden Händen auf den Knien aufstützen. Luft anhalten, dreimal den Bauch kräftig einziehen und mit Kraft wieder herausschnellen lassen. Dann erst mit ruhigem Einatmen durch den Mund wieder aufrichten. Dreimal wiederholen.

<u>Das regt den Fluß der Körpersäfte an, bringt die Verdauung in Gang und belebt</u>.

### 13. Übung

Verbinden Sie das Atemkreuz (7. Übung) mit der Bauchschnelle (12. Übung)!

Das ist eine ideale Kombination, <u>um am Morgen den ganzen Körper fit zu machen</u>. Vor dem Waschbecken stehend werden die Arme V-förmig gehoben, und während des Drehens ins Atemkreuz span-

nen sich die Füße noch zusätzlich in den Ballenstand (= auf Zehenspitzen). Atmen Sie jetzt zischend durch den Mund aus, während Sie in die Ruhestellung zurückkehren, die Hände auf die Knie stützen und in einer kleinen Atempause dreimal die Bauchschnelle einfügen.

## Nutzen Sie auch Wartezeiten!

### 14. Übung

Mit dem Einatmen eine oder beide Schultern langsam Richtung Ohrläppchen hochziehen und mit dem Ausatmen ganz entspannt

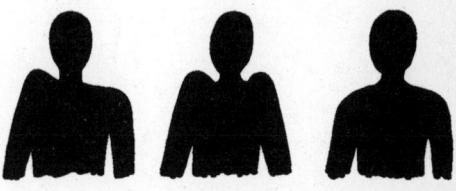

wieder fallen lassen. Meist merkt man erst durch diesen Wechsel, wie verspannt man vorher war. Der Gedanke »soll mir doch alles den Buckel runterrutschen« hilft, ganz loszulassen und locker zu werden. Entspannt den Schultergürtel, wirkt Kopfschmerzen entgegen und vermittelt ein Gefühl von Leichtigkeit.

## 15. Übung

Mit dem Ausatmen beide Schultern nach vorne ziehen, so daß der Brustkorb eng und schmal wird, mit dem Einatmen langsam die Gelenke zurückführen, so daß die Schulterblätter zusammengeschoben werden; eine <u>gute Haltungsschulung</u>.

## 16. Übung

Aufrecht stehen, bewußt die Fersen gegen den Boden drücken und auf senkrechter Linie von ihnen aus mit dem Einatmen die Streckung aufbauen: Füße - Beine - Wirbelsäule - Nacken - Scheitel. Strecken heißt nicht Nase hoch, sondern Scheitel hoch! <u>Gut für den ganzen Rücken</u>.

## 17. Übung

Mit dem Einatmen den Bauch einziehen und mit dem Ausatmen wieder loslassen. Das <u>trainiert die Bauchmuskeln, wirkt dickem, weichen Bauch entgegen. Außerdem regt es die Verdauung an</u>.
Variante: Einen Fuß unbelastet leicht vorstellen und jeweils mit dem Einatmen stark abwinkeln und wieder entspannen. Das <u>stabilisiert die Fußgelenke und wirkt Krampfadern entgegen</u>.

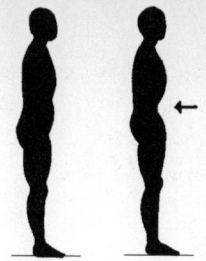

## 18. Übung

Man steht aufrecht, die Füße bleiben fest am Boden, während man Kopf und Schultergürtel mit dem Einatmen so weit wie möglich nach einer Seite dreht, als ob man schauen wollte, was hinter einem vorgeht. Das ist ein <u>gutes Wirbelsäulentraining</u>.

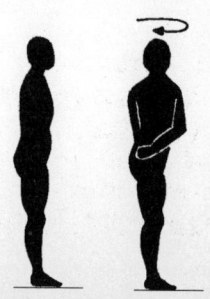

## 19. Übung

Den Körper in sich steif wie ein Brett machen und dann dieses Brett auf der Fläche der Füße in ein leises Schwanken bringen. Es ist eine kaum wahrnehmbare Bewegung von wenigen Zentimetern,

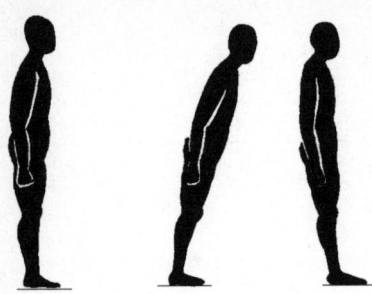

wobei weder ein Knick in der Leistenbeuge noch ein Abfallen der Schultern zu einer Seite zulässig sind. Der Körper schwankt nach

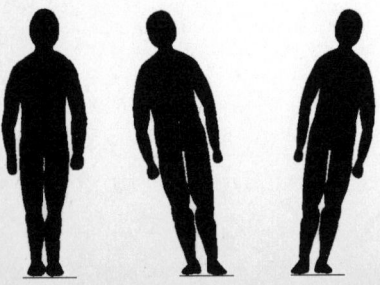

vorn und hinten, zur Seite oder im Kreis, während die Füße immer am gleichen Ort bleiben. Dies verlangt Ruhe, Konzentration und entspanntes Atmen. Dabei immer nur so wenige Muskeln spannen wie unbedingt nötig, alles andere bewußt und kontrolliert entspannen. <u>Balance-Training</u>.

# Yoga im Büro –
# und der Chef merkt es nicht einmal

Die kleinen Yoga-Pausen im achtstündigen Büroalltag sind ganz besonders wohltuend und erfrischend. Manches läßt sich auch im Großraumbüro zwischen den Kollegen durchführen oder wenn man dem Chef gegenübersitzt. Die »sichtbaren« Übungen sollten nur gemacht werden, wenn man gerade allein im Zimmer ist. Aber stets sind schon zwei Minuten Yoga-Pause nutzbringend, man fühlt sich sofort besser.

Stecken Sie sich einen Zettel in dieses Buch, wenn Sie glauben, eine passende Übung entdeckt zu haben, oder legen Sie das Buch in die Schreibtischschublade und schlagen es irgendwo auf, wenn Sie zwischendrin fünf Minuten Zeit für eine Yoga-Pause haben. Schon nach wenigen Wochen kennen Sie die Übungen und wissen, was Ihnen wann gut tut.

Wenn man sich jeden Tag zwei oder drei Übungen vornimmt und jede etwa fünfmal durchführt, merkt man sehr schnell, daß die Beweglichkeit des Körpers zunimmt, die Ermüdung später einsetzt und das Wohlbefinden wächst.

## Egal, ob einer guckt

Praktisch »unsichtbar« lassen sich übrigens auch die schon beschriebenen Übungen 14 und 16 durchführen.

## 20. Übung

Gerade sitzen und jeweils mit dem Einatmen das Kinn mal über die rechte, mal über die linke Schulter drehen, wobei die Schultern ganz entspannt und unbeteiligt bleiben. <u>Löst Nacken-Verspannungen</u>.

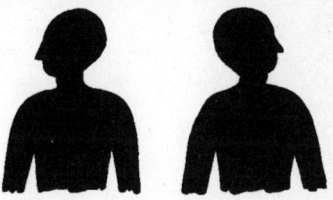

## 21. Übung

Mit rundem Rücken auf dem Stuhl sitzen, dann mit dem Einatmen vom Becken her langsam die Wirbelsäule aufrichten bis zum Scheitel und mit dem Ausatmen wieder vom Becken her (!) nachgeben; <u>löst Rückenschmerzen</u>.

## 22. Übung

Unter der Schreibtischplatte beide Füße flach aufstellen, dann abwechselnd einen oder beide im Fußgelenk stark abknicken (Zehenspitzen nach oben) und mit dem Einatmen den Unterschenkel anheben, bis er waagrecht gehalten wird. <u>Gut gegen müde Beine, Krampfadern, geschwollene Füße</u>.

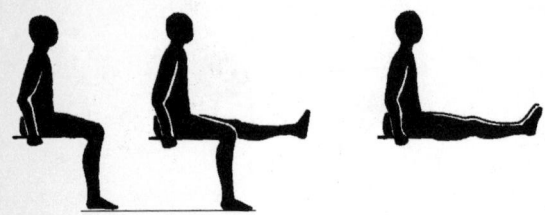

## 23. Übung

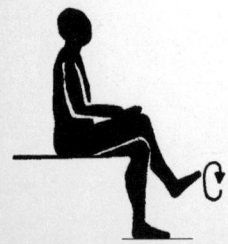

<u>Gegen kalte, kribbelnde, geschwollene Füße</u>: Unter dem Tisch die Beine übereinanderschlagen und den frei hängenden Fuß bei ruhigem Weiteratmen langsam mal rechtsherum, mal linksherum im Fußgelenk kreisen lassen. Dann Position wechseln.

## 24. Übung

Die Beine sind unter dem Tisch gestreckt, leicht gegrätscht, die Fußspitzen zeigen nach vorne. Im Atemrhythmus die Fußspitzen mal nach innen, mal nach außen drehen, die Knie bleiben durchgedrückt. <u>Gegen »dicke« Beine</u>.

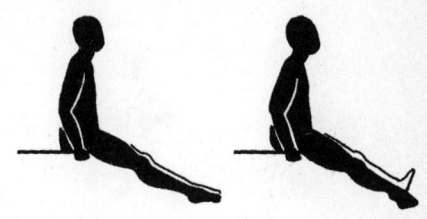

## 25. Übung

Aufrecht sitzen, die Handflächen aufwärts gerichtet. Mal den einen, mal den anderen Arm senkrecht über den Oberkörper heben. Sich dabei vorstellen, daß man auf der Handfläche eine schweren Gegenstand anhebt. <u>Lockert Arme, Schultern und Rückgrat</u>.

## 26. Übung

Rechts und links an der Stuhlfläche festhalten, die Beine auf Höhe der Unterschenkel kreuzen und im Atemrhythmus in die Grätsche strecken und dabei leicht anheben; die Füße sollten abgewinkelt sein. <u>Stärkt die Bauchmuskeln und fördert die Durchblutung der Beine</u>.

## 27. Übung

  Nach langem Bedienen von Schreib- oder Rechenmaschinen, nach dem Stenographieren oder dem Sortieren von Karteikarten sind oft die Hände leicht erlahmt oder steif geworden. <u>Handentspannung</u> bringt es dann. Auch im Restaurant beim War- ten auf das Essen lassen sich unbemerkt folgende Hand-Übungen

gut durchführen: Die Hand zu einer festen Faust schließen und diese ganz langsam bei ruhigem Weiteratmen gegen einen vorgestellten Gegendruck öffnen, als ob die Finger im Handteller festgeklebt wären und man sie mühsam wegziehen müßte.

## 28. Übung

Entsprechend werden die <u>beugenden Handmuskeln trainiert</u>, wenn die Hand weit aufgefächert beginnt und langsam geschlossen wird, so, als wolle man eine rohe Kartoffel zerquetschen: Das äußerste Fingerglied beginnt, und es folgen die anderen, bis die Fingernägel sich in den Handteller krallen.
*Variante:* Die offene Hand wird in sich durchgespannt, die Fläche bleibt ganz gerade, der Atem fließt ruhig; sodann wird eine kleine V-förmige Lücke jeweils zwischen zwei Fingern geöffnet und wieder geschlossen. Man braucht nur die Handmuskeln dafür! Der übrige Arm soll entspannt bleiben. Das verlangt einige Übung und Konzentration, aber es <u>entspannt und kräftigt die Hände</u>.

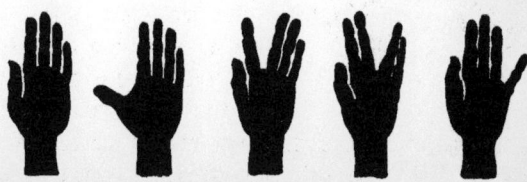

## 29. Übung

<u>Für Beweglichkeit und Entspannung</u>, aber auch einfach <u>für eine schöne, durchgeformte Hand</u> (gut <u>gegen Rheuma und Gicht</u>): Beide Hände zu lockeren Fäusten schließen und auf beiden Seiten den jeweils gleichen Finger herausstrecken. Die beiden Finger berühren sich an ihren Kuppen. Die Unterarme sollen auf einer Linie bleiben.

Dann die Finger gegeneinander federn, so daß sie in sich überstreckt werden; mal die Daumen, mal die Zeigefinger, bis hin zu den kleinen Fingern. Ruhig mit viel Druck arbeiten!

## Ganz allein im Raum am Schreibtisch

### 30. Übung

Den Kopf ganz entspannt mit dem Ohr Richtung Schulter sinken lassen (nicht die Schulter hängen lassen!) und dann bei ruhigem Weiteratmen den hängenden Kopf leicht wiegen, als ob er auf einem Schulterpolster mal Richtung Brust, mal Richtung Rücken rollte. Das <u>regt die Schleimproduktion vom Mittelohr bis in die Nebenhöhlen der Gegenseite an</u> (Sie merken es daran, daß Sie schlucken müssen), ist <u>gut bei trockener, klimatisierter Luft und wirkt gegen Erkältungskrankheiten</u>.

### 31. Übung

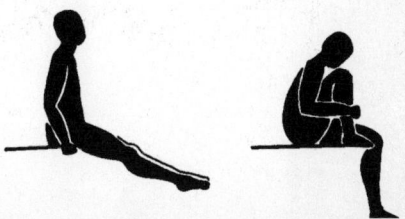

Beide Beine nach vorne ausstrecken und jeweils mit dem Ausatmen mal den rechten, mal den linken Fuß auf die Sitzfläche stellen, das Knie umfassen und fest zudrücken; mit dem Einatmen das Bein wieder gestreckt abstellen. <u>Entspannt Rücken und Beine</u>.

## 32. Übung

Auf der vorderen Kante eines festen Stuhls sitzen (der Stuhl darf nicht wegrutschen oder -rollen können!), die Beine nach vorne ausstrecken und die Sitzfläche rechts und links am hinteren Rand fassen; dann mit dem Einatmen das Becken von der Sitzfläche abheben und mit dem Ausatmen wieder ablegen. <u>Kräftigt die Beckenbodenmuskulatur und Schließmuskeln, gut für Frauen.</u>

## 33. Übung

Einen Unterarm hinten in die Taille legen, den anderen Arm mit dem Einatmen in die Senkrechte heben. Nun jeweils mit dem Ausatmen den erhobenen Arm über den Kopf ziehen und mit Kopf und Schultergürtel locker in die Flankendehnung nachgeben, einatmend wieder aufrichten, ausatmend den Arm sinken lassen. Entspannt die Schultern.

## 34. Übung

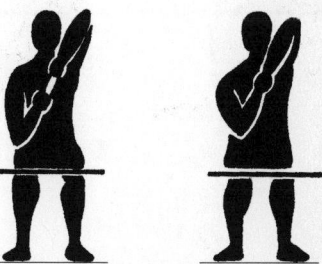

Beide Hände führen ein Tuch über den Rücken (wie beim Abtrocknen). Langsam wandern sie am Tuch aufeinander zu. Nicht über die Schmerzgrenze gehen. Gut für den Schulter-Nacken-Bereich.

## 35. Übung

Arme von der Schreibtischplatte gestreckt nach vorne heben, die Hände im Handgelenk nach oben abknicken, die Arme mit dem Einatmen unter Spannung weit nach außen öffnen. Mit dem Ausatmen wieder nach vorne führen, entspannen und ablegen. <u>Gut für Schultern und Arme</u>.

## 36. Übung

Beide Hände auf die Sitzfläche legen und mit dem Einatmen die gestreckten Arme mit abgewinkelten Händen seitwärts hochführen,
bis sich die Mittelfingerspitzen über dem Kopf berühren; mit dem
Ausatmen zurück, entspannen. <u>Gut für den Gleichgewichtssinn.</u>

## 37. Übung

Die Stirn auf die übereinandergelegten Fäuste legen, der Rücken
sinkt rund in sich zusammen. Dann mit dem Einatmen den Rücken
vom Becken aufwärts aufrichten und die Arme V-förmig neben den
Kopf strecken (Kopf nicht hängen lassen!) und die Handteller ins
Atemkreuz nach hinten drehen. Mit dem Ausatmen entspannen.
<u>Gegen Ermüdung und Schulter- wie Rückenverspannung.</u>

## 38. Übung

Bein auf Stuhl oder Tisch stellen und beim Ausatmen mit Armen und Oberkörper auf das Bein hinunterfedern. Mit dem Einatmen aufrichten und das Bein lockern. <u>Vorsicht bei Rückenproblemen</u>!

## 39. Übung

Aufrecht sitzen, einen Arm in die Senkrechte hochheben und im Ellenbogen so nach hinten abknicken, daß die flache Hand auf dem Nackenwirbel liegt. Dann mit der anderen Hand den Ellenbogen fassen und mit dem Einatmen so daran ziehen, daß die Hand vom Nacken aus ein Stückchen die Wirbelsäule hinunterrutscht, mit jedem Atemzug einige Millimeter mehr. Die Wirbelsäule soll dabei gerade bleiben! Eine gute <u>Haltungs- und Beweglichkeitsübung</u>, die zugleich die <u>Lymphknoten in der Achsel anregt</u>, damit <u>das Immunsystem fördert</u>.

## 40. Übung

Gerade sitzen oder stehen und mal die rechte, mal die linke oder auch beide Schultern zugleich mit dem Einatmen langsam vorne heben, mit dem Ausatmen die Schulter kreisförmig erst nach oben, dann nach hinten rollen und dort wieder senken. <u>Löst Verspannungen</u>.

## 41. Übung

Die Hände auf die beiden Schultern legen, die Ellenbogen berühren sich auf der Brust. Mit dem Einatmen die Ellenbogen langsam vorne heben, eng am Kopf vorbeiführen und mit dem Ausatmen hinten senken; <u>lockert den Schultergürtel</u>.

## 42. Übung

Ein Bein unter der Tischplatte waagrecht ausstrecken und aus der Hüfte heraus kleine Kreise mit dem gestreckten Bein führen; mit dem Einatmen dreimal in der einen Richtung, mit dem Ausatmen dreimal in der anderen Richtung. Diese Übung läßt sich ebensogut im Stehen oder am Boden durchführen. Gut für Hüftgelenke und Bauchmuskeln.

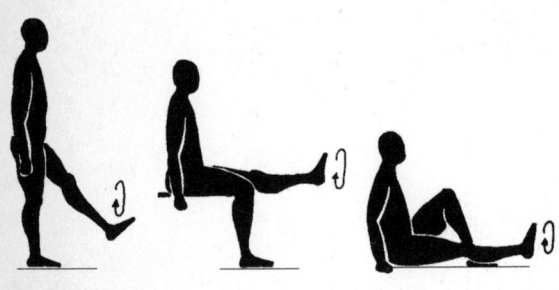

## 43. Übung

Vorne auf den Stuhl setzen, beide Füße senkrecht auf dem Boden, mit den Händen an die Innenseiten der beiden Knie greifen und die Knie beim Einatmen kräftig auseinanderziehen, ohne daß sie sich öffnen: Die Oberschenkelmuskeln arbeiten also gegen die Armmuskeln. Beim Ausatmen lockerlassen. <u>Arme und Beine werden entspannt</u>.

## 44. Übung

In der gleichen Ausgangsstellung wie in Übung 43 die Hände außen gegen die Knie legen, mal rechts, mal links kräftig drücken, wobei das Bein gegenhält, so daß alles starr bleibt. <u>Entspannt Arme und Beine</u>.

## 45. Übung

Vor dem Brustkorb die Handteller so gegeneinanderhalten, daß die Fingerspitzen der einen Hand nach oben, die der anderen nach unten zeigen. Die Unterarme sind auf einer Linie; dann einatmend kräftig drücken und ausatmend entspannen. Schultern nicht hochziehen. Diese Übung <u>dient der Straffung von Brust und Busen</u>.

### 46. Übung

Wieder die Unterarme vor dem Brustkorb auf einer Linie halten, dann mit den Händen die Gelenke unfassen, beim Einatmen kräftig ziehen. <u>Strafft Brustkorb und Busen</u>.

### 47. Übung

Arbeiten Sie wieder mit vorgestelltem Gegendruck: Stehend eine bzw. beide Hände zur Schulter heben und einen großen Korb voll Äpfel in der Vorstellung langsam senkrecht hochstemmen, dabei ruhig einatmen und die Hand mit entspannendem Ausatmen locker wieder runtersinken lassen. <u>Entspannt Ihren Schulterbereich und Ihre Nackenpartie</u>.

## 48. Übung

<u>Gegen Ermüdung und zur Steigerung der Konzentrationsfähigkeit</u>, zugleich ein gutes <u>Augentraining</u> ist folgende Übung: Man setzt sich bequem hin, den Kopf gerade. Dann stellt man sich das Zifferblatt einer Kirchturmuhr vor, die direkt hinter dem Schreibtisch steht. Der Atem fließt ruhig und gleichmäßig. Der Kopf wird kein bißchen bewegt. Ganz konzentriert fixieren die Augen nun im Wechsel die Position der 3 und der 9, jeweils zwei Sekunden lang, ohne die Augen zwischendurch zu schließen. Dann werden die beiden Handteller kräftig gegeneinander gerieben, so daß sie richtig heiß werden, die Ellenbogen auf dem Tisch aufgestützt und die warmen Handteller als Höhlen über die Augen gelegt. <u>Das</u> <u>wirkt</u> <u>Wunder</u> an <u>Entspannung</u> und <u>Wohlbefinden</u>.

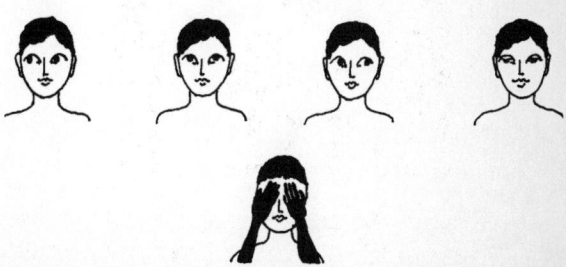

Beim nächsten Mal sind die Ziffern 12 und 6 dran. Hat man einige Übung, dann läßt sich ruckweise der ganze Kreis, von der 12 wieder bis zur 12, scharf fixieren.

## 49. Übung

Einen Arm (anschließend auch beide) in sich locker seitwärts zur Horizontalen heben, eine Faust machen und den Arm mit dem Einatmen so weit wie möglich nach vorne eindrehen; dabei gibt der ganze Schultergürtel leicht nach vorne nach. Mit dem Ausatmen die Arme wieder aufdrehen und entspannt sinken lassen. <u>Löst Verspannungen</u>.

## 50. Übung

<u>Bei beginnenden Kopfschmerzen oder starker Ermüdung helfen folgende Übungen</u>: Alle zehn Finger zwischen den Haaren auf der Kopfhaut verteilen, leichten Druck ausüben, so daß die Finger in kleinen kreisenden Bewegungen den Skalp auf dem Schädelkno-

chen sanft hin und her verschieben. Den ganzen Kopf abgreifen, etwa zehn Sekunden massieren.

## 51. Übung

Noch intensiver wirkt die Kopfhautmassage, wenn die Hände Haarbüschel eng am Kopf fest greifen und den Skalp hin- und herbewegen. <u>Bei Kopfschmerzen</u> soll dabei der Zug direkt über dem Schmerzpunkt liegen.

## 52. Übung

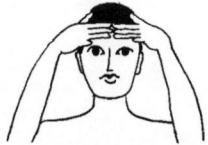 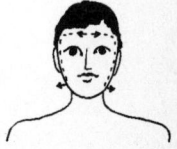

<u>Lösend und entspannend</u> ist eine sanfte Yoga-Massage, die man zwar selbst machen kann, die aber noch viel effektiver ist, wenn man von einem Partner massiert wird. Die sechs mittleren Fingerspitzen beider Hände werden behutsam auf der Stirn aufgelegt. Langsam und ohne Druck ziehen die Fingerkuppen über den

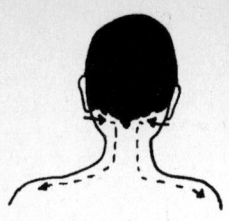

Augenbrauen streichend auseinander, gleiten am Haaransatz entlang über die Schläfen vor den Ohren abwärts bis unter die Ohrläppchen, gehen im Nackenhaaransatz nach hinten zur Halswirbelsäule, neben dieser abwärts zu den Schultern.

Auf den Schultern streichen die flachen Hände seitwärts zu den Oberarmen. Es muß eine langsame, gleichmäßige Bewegung sein, ohne Druck, mehr ein Streicheln als ein Streichen; nie die Finger abheben, nie zum Stillstand kommen.

# Während eines Flugs

Um Flugreisen besser durchsitzen zu können, ist es wichtig, sich nicht schön, sondern bequem anzuziehen. Vielflieger wissen, daß kein Gürtel eng sein darf, daß kein Strumpfabschluß abschnüren soll, daß keine Knöpfe im Rücken drücken dürfen.

Vor allem bei längeren Flugreisen ist es wichtig, im Handgepäck ein Paar warme Socken zu haben und gleich zu Beginn des Flugs die Schuhe aus- und diese Socken überzuziehen.

Übungen, die die Verkrampfung vom langen Sitzen lösen und dem Blutstau in den Beinen und angeschwollenen Füßen entgegenwirken, sind folgende: Etwa jede Viertelstunde einige Male die Pobacken fest zusammenpressen (= Gesäßmuskeln spannen) und mit dem Ausatmen wieder ganz loslassen.

Auch die schon beschriebenen Übungen 21, 22, 24 und 25 lassen sich im Flugzeug gut durchführen.

# Ganz nebenbei zu Hause

Auch diese Übungen sind so ausgewählt und zusammengestellt, daß man sich für schnelle fünf Minuten zwischendurch aussuchen kann, wonach einem zumute ist oder was einem gerade besonders guttäte.

Man kann sie also kurz dazwischenschieben, während das Essen kocht, bevor die Kinder aus der Schule kommen oder zwischen Staubsaugen und Einkaufen.

Natürlich sind die Übungen nicht nur für Hausfrauen und -männer, sondern auch für Studenten, Rentner und Berufstätige gedacht, die den größten Teil des Tages daheim verbringen. Es lohnt sich, auch mal hinunter auf den Fußboden zu gehen, eine Decke auszubreiten und einige Minuten dort zu üben.

Ich habe versucht, nur solche Übungen zu beschreiben, die nach Text und Zeichnung leicht selbst zu erlernen sind und deren Wirkung man schnell erfahren kann, so daß der Erfolg dazu motiviert, sie zu wiederholen.

## Im Stehen

### 53. Übung

Mit geschlossenen Beinen stehen und die Hände auf dem Gesäß ineinander falten. Mit dem Einatmen schiebt sich das Becken leicht nach vorn, Schulter und Kopf gehen nach hinten, die Arme spannen ebenfalls nach hinten vom Körper weg.

Den Kopf oben halten, nicht sinken lassen! Ausatmen, geradestehen. <u>Bringt gute Haltung, dehnt die Wirbel</u>.

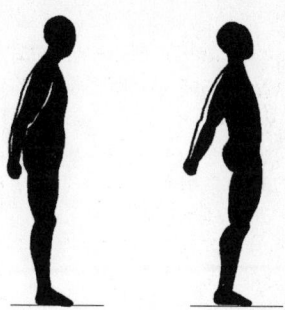

## 54. Übung

Gleiche Ausgangsposition wie bei der 53. Übung. Den Rumpf aber mit dem Ausatmen nach vorn auf die gestreckten Beine sinken lassen. Mit dem Einatmen die gefalteten Hände vom Rücken hochziehen, was die Schultern zusammendrückt. <u>Löst Verspannungen</u>.

## 55. Übung

Die Dehnung in der rückwärtigen Beinlänge ist noch intensiver, wenn man mit durchgedrückten Knien in der Grätsche steht und der Kopf sich mal nach rechts, mal nach links zu den Knien senkt. Wie in der vorigen Übung die gefalteten Hände vom Rücken weg hochziehen. <u>Gut für die Lendenwirbelsäule</u>.

## 56. Übung

Flankendehnung: In der Grätsche stehen, den rechten Arm vor dem Körper in die Taille legen.

Mit dem Einatmen den linken Arm zur Senkrechten heben und mit dem Ausatmen Kopf, Schulter und Arm entspannt nach rechts sinken lassen. Den Schultergürtel nicht drehen, die Front bleibt genau nach vorn gerichtet! <u>Hüft-Übung</u>.

## 57. Übung

In der Grätsche stehen, Beine gestreckt lassen und mit dem Ausatmen beide Hände Richtung rechten (bzw. linken) Fuß sinken lassen. Kommt man bis zum Fuß, dann dort auf dem Spann aufstützen, kommt man nicht so tief hinunter, dann das Fußgelenk greifen.

Mit dem Einatmen mal den rechten, mal den linken Arm zur Senkrechten heben und ihm nachschauen. Mit dem Ausatmen den Arm wieder sinken lassen und den Rumpf aufrichten. Beim nächsten Mal dasselbe zur anderen Seite. Die Knie bleiben gestreckt! <u>Löst Verspannungen in Bauch und Hüften</u>.

## 58. Übung

Diese <u>Gleichgewichtsübung</u> verlangt etwas Konzentration, vor allem von denjenigen, die unter <u>höherem Blutdruck oder Schwindelgefühlen</u> leiden: Im Stand den einen Fuß auf den anderen stellen, so daß die Fersen über Kreuz sind. Die Fußspitze sollte dabei den Boden nicht mehr berühren. Man kann auch die flache Fußsohle gegen die Innenseite des Knies stützen, aber das ist ein bißchen schwieriger.

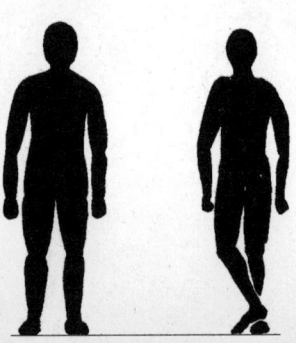

## 59. Übung

Beide Hände auf einen Tisch oder eine Fensterbank legen und mit den Füßen so weit zurückgehen, daß der Rücken ganz flach ist und der Kopf zwischen den beiden Oberarmen hängt. Dann bei ruhigem Atem mit gestreckten Armen federn. <u>Dehnt den Rücken samt Schultern</u>.

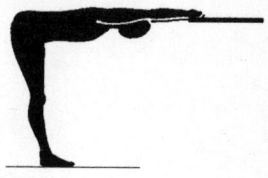

## 60. Übung

Ein gestrecktes Bein auf einen Tisch oder (etwas schwieriger) auf eine Fensterbank legen. Beim Ausatmen mit den Händen zum Fuß hinunter federn. Einatmend aufrichten. <u>Durchblutet die Beine</u>.

## Auf dem Fußboden sitzend

Der Untergrund soll fest sein. Aber eine Wolldecke oder auch eine leichte Terrassenstuhl-Auflage sind erlaubt.
Hier – wie bei allen Übungen – soll die Kleidung bequem sitzen. Das heißt, man muß sich bewegen können, ohne eingeengt zu sein. Aber es reicht, den Hosenbund zu öffnen und die Schuhe auszuziehen.

### 61. Übung

Im Schneidersitz die beiden Hände auf die Knie und mit rundem Rücken entspannt sitzen. Mit dem Einatmen streckt sich die Wir-

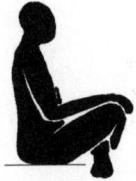

belsäule vom Becken bis zum Scheitel, wobei die Hände den ganzen Rumpf leicht nach vorne ziehen. Mit dem Ausatmen wieder in sich zusammensinken. <u>Gute Rückenschule</u>.

## 62. Übung

Beide Beine leicht zum Hocksitz anstellen und die Hände auf die Knie legen. Mit dem Einatmen die Wirbelsäule aufrichten, mit dem Ausatmen wird sie rund, die Arme strecken sich, der Kopf sinkt nach vorn; das ergibt eine <u>wohltuende Dehnung im Rücken</u>.

## 63. Übung

Beine anziehen, Hände innen an die Knie legen und die Knie nach außen drücken. Es soll keine Spannung erzeugt werden, sondern nur sanfter Druck. Dann eine Hand zum Abstützen nutzen und mit der anderen das Knie sanft nach innen drücken. <u>Gut für die Hüfte</u>.

## 64. Übung

Die Beine zum Schneidersitz kreuzen, links vor rechts. Die rechte
Hand aufs rechte Knie (oder seitwärts aufstützen), die linke Hand
faßt die linke Ferse, dann mit dem Einatmen das linke Bein in die
Grätsche hochstrecken. Nicht die Schultern hochziehen. <u>Gut für die
Hüften</u>.

## 65. Übung

Das rechte Bein zum Schneidersitz umschlagen, dann den linken
Fuß jenseits des rechten Knies aufstellen. Dabei ist das linke Knie

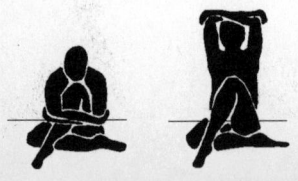

hochgezogen. Anfangs dürfen die Hände abstützen. Dann fassen die Hände die Ellenbogen, der Kopf senkt sich auf das hochgestellte Knie.

Nun mit dem Einatmen die Ellenbogen über den Kopf heben und den Rücken aufrichten. Beim Ausatmen zurücksinken. <u>Dehnt die Wirbelsäule</u>.

## 66. Übung

Der Drehsitz ist eine <u>gute Übung gegen Ischias-Beschwerden</u>, weil er die Wirbelsäule genau dort dehnt, wo der Ischiasnerv austritt. Der Drehsitz wird bei ruhigem Weiteratmen aufgebaut und dann einige Sekunden gehalten. Im Sitzen sind beide Beine nach vorne gestreckt. Der linke Fuß wird jenseits des anderen Knies flach so aufgestellt, daß seine Außenkante sich an das gestreckte Knie schmiegt, während das andere nun hoch aufgestellt ist. Die linke Hand stützt sich hinter dem Gesäß auf. Jetzt wird der rechte Arm zur Senkrechten gehoben, von wo aus er nach links sinkt. Dann

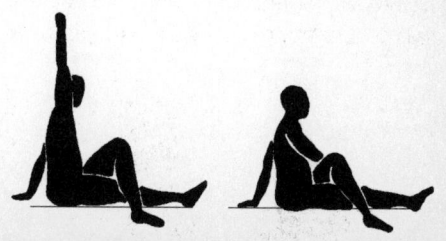

kann dieser Arm das hochgestellte linke Knie nach rechts drücken, die rechte Hand greift um das gestreckte rechte Knie herum. Jetzt haben Sie einen fest verwundenen Sitz, in dessen Gefüge Sie nachgeben können.

### 67. Übung

Beim »Radfahren« liegt man auf dem Rücken, die Beine zeigen senkrecht nach oben und vollführen kreisförmige Bewegungen, als ob man in Pedale träte. Achten Sie dabei besonders auf einen fließenden Atemrhythmus. <u>Gut für die Bauchmuskulatur</u>.

### 68. Übung

Man sitzt mit rundem Rücken und nach vorne gestreckten Beinen. Mit dem Einatmen wird der Rücken vom Becken aufwärts bis zum Scheitel gestreckt. Die Arme werden nach vorne gehoben, bis sie waagrecht sind. Jetzt lehnt man den gestreckten Rücken leicht

zurück, als ob man sich an einem Tau nach hinten ließe. Mit dem
Ausatmen den Oberkörper aufrichten und erschlaffen lassen. Entspannt die Wirbelsäule.

## Auf den Knien

Eine Matratze eignet sich nicht als Polster für die Knie. Günstiger
wäre beispielsweise eine Wolldecke, die direkt auf den Boden gelegt wird. Denn wie bei allen Sitzübungen kommt es darauf an, daß
Ihr Körper nicht federt. Eine der einfachsten und besten Rücken-
übungen gegen Haltungsschwächen, Kreuzschmerzen und
Ischiasbeschwerden wird im Knien durchgeführt: Ich beschreibe
sie sehr ausführlich, weil das genaue Einhalten den Erfolg dieser
zentralen Übung ausmacht.

## 69. Übung

Man stellt sich zur Bank auf, kniet und stützt die beiden Arme so
vor den Knien auf, daß die Hände senkrecht belastet sind.
Die Ellenbogen durchgestreckt lassen! Nun wird der Rücken mit

dem Einatmen zum Katzenbuckel hochgezogen, wobei der Kopf hängt. Mit dem Ausatmen den Rücken senken und den Kopf anheben, bis sie eine waagrechte Linie bilden. <u>Entspannt den Nacken und den Rücken</u>.

## 70. Übung

Der Elefant ist eine Übung, die den sehr viel schwereren Kopfstand ersetzen kann und den gleichen Nutzen hat: <u>Durchblutung des Kopfes, Anheben des Blutdrucks</u> (Menschen mit zu hohem Blutdruck sollten diese Übung also nicht machen!) und <u>Training des Gleichgewichtsgefühls</u>. Beide Hände werden vor den Knien flach aufgelegt und dann der Scheitel (nicht die Stirn!) in einem gleichseitigen Dreieck davor aufgestützt; eventuell ein kleines Kissen oder gefaltetes Handtuch als Polster darunter. Dann beide Beine strecken und zentimeterweise ganz langsam mit den Füßen so in Richtung Hände kommen, daß die Knie die Ellenbogen berühren, die nicht nach außen wegknicken dürfen. Sodann ein Knie nach dem anderen langsam auf den Ellenbogen stützen und die Füße nach oben heben.

## Im Liegen

Man breitet am besten eine doppelt gefaltete Wolldecke an einem Ort aus, der einem genügend Bewegungsfreiheit bietet.

Natürlich kann man auch die schon beschriebenen Übungen acht bis elf auf dem Boden durchführen statt auf dem Bett.

## 71. Übung

Auf dem Rücken liegend ein Bein anstellen, das andere Knie zur Brust hochziehen. Mit dem angezogenen Bein ein vorgestelltes Gewicht (einen Korb voll Äpfel) beim Einatmen in die Senkrechte

hochstemmen und das Knie mit dem Ausatmen entspannt auf die Brust zurückfallen lassen; erst rechts, dann links, dann mit beiden Beinen zugleich. Es soll partiell starke Muskelarbeit geleistet werden, während andere Teile des Körpers bewußt entspannt bleiben. <u>Die Übung kräftigt das venöse System, wirkt gegen Krampfadern</u>.

## 72. Übung

Man liegt auf dem Rücken, die Knie sind halb angezogen und die Beine weit auseinandergestellt. Jetzt kann mit dem Einatmen das Becken rechts gehoben, oben hinübergeführt und mit dem Ausatmen auf der anderen Seite gesenkt werden. Man legt das Becken in der Mitte ab, bevor man die Bewegung andersherum wiederholt.

Die Übungen 71 und 72 <u>kräftigen die Beckenbodenmuskulatur und</u> <u>stärken das Bindegewebe</u>. Speziell Übung 72 <u>hilft gegen einsetzen-</u> <u>de Schwäche des Blasenschließmuskels</u>.

### 73. Übung

Eine effektive Übung <u>zur Entspannung und Lockerung des Schul-</u> <u>tergürtels</u>: In Rückenlage beide Arme waagerecht vom Körper ab- spreizen; das rechte Bein eng anstellen und das linke Bein locker überschlagen. Nun ganz auf die rechte Seite drehen, so daß die lin- ke Hand auf der rechten liegt und – ganz wichtig! – das überge- schlagene linke Knie rechts vom Körper den Boden berührt, wo es – quasi wie angeklebt – bleibt.
Aus dieser Seitenlage nun ganz langsam den linken Arm zur Senk-

rechten heben und hinter dem Körper sinken lassen, bis er in der Luft hängt. Kopf drehen. Nicht schieben, nicht federn! Der linke Arm sinkt nur so weit, wie die innere Atemmassage ihm die Möglichkeit läßt. Etwa zwei Minuten so bleiben. Versucht man dann, den linken Arm zu heben, ist er schwer wie Blei.

## 74. Übung

Für die <u>Beweglichkeit des Hüftgelenks und der Lendenwirbelsäule</u>: In Rückenlage die Arme waagrecht vom Körper abspreizen. Mit dem Einatmen ein Bein hochheben und dieses mit dem Ausatmen zur entgegengesetzten Hand sinken lassen, als wolle man den Fuß dort hineinlegen. Der Schultergürtel bleibt flach liegen, während das Becken dreht.

## 75. Übung

Etwas erweitert wird obige Übung, wenn in Rückenlage Arme und Beine wie zu einem X weit aufgegrätscht sind. Mal wird ein Bein zur Senkrechten gehoben und weit zur entgegengesetzten Hand gestreckt, wobei der Schultergürtel liegenbleibt; mal wird ein Arm gehoben und die Hand weit hinüber auf die andere Hand gelegt, wobei die Beine liegenbleiben und der Schultergürtel auf eine Seite dreht. Das Heben immer mit dem Einatmen, das Ablegen mit dem Ausatmen. <u>Dehnt Hüfte und Lendenwirbelbereich</u>.

## 76. Übung

<u>Lösend und dehnend für die Wirbelsäule</u> in ihren verschiedenen Bereichen wirkt eine Übungsserie, die nur das Eigengewicht des

Körpers zur Dehnung und Lockerung nutzt. Man rollt ein Badehandtuch oder eine feste Decke zu einer etwa 50 Zentimeter breiten, harten Rolle, die einen Durchmesser von etwa 20 Zentimeter hat. Aus dem Sitzen legt man sich langsam bei ruhigem Weiteratmen so über diese Rolle, daß sie quer unter dem Schultergürtel

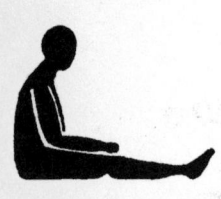

liegt und der Kopf nach hinten abwärts hängt. Wenn es sich bequem anfühlt, ist es falsch! Etwa eine Minute so liegenbleiben und dabei langsam beide Arme locker hinter den Kopf führen.

Dann mit einem Schwung beider Arme flach über den Boden und kräftigem Einatmen zum Sitzen hochkommen und den Oberkörper entspannt nach vorne über die Beine hängen.

## 77. Übung

Legt man die feste Rolle quer unter die unteren Brustwirbel oder in der Ausgangsposition des Sitzens direkt bis ans Gesäß heran, so wird das <u>Dehnen der Brustwirbel- bzw. der Lendenwirbelsäule</u> intensiver.

## 78. Übung

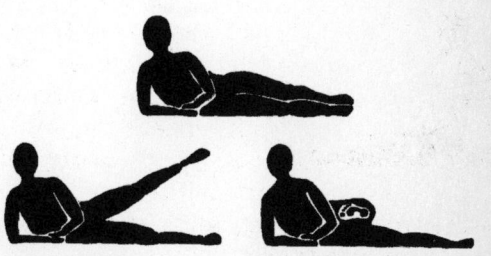

Man legt sich auf die rechte Seite, der Körper ist halb aufgerichtet. Man stützt sich so auf den Ellenbogen, daß der Oberarm senkrecht steht. Die rechte Hand ruht flach vor dem Körper, die linke Hand wird locker daraufgelegt. Die Beine liegen gestreckt aufeinander.

Mit dem Einatmen das linke Bein seitwärts grätschen (= heben) und mit dem Ausatmen ablegen.

Alternativ mit dem Einatmen das linke hinter das rechte Bein führen, mit dem Ausatmen vor dem rechten Bein ablegen. <u>Trainiert die Hüftgelenke</u>.

## 79. Übung

Die sogenannte Kobra <u>kräftigt die Rückenmuskulatur und erweitert das Atemvolumen</u>. Man liegt auf dem Bauch, die Stirn zum Boden, die Hände rechts und links der Ohren flach aufgelegt. Die Arme strecken sich mit dem Einatmen langsam durch und heben dabei den Oberkörper. Auch den Kopf nach oben, nicht hängenlassen!

Legt man in der Ausgangsstellung die Hände unter die Schultern, dann ist die Biegung der Wirbelsäule noch intensiver. Das Becken soll am Boden bleiben!

## ... und noch ein paar Übungen im Stehen

### 80. Übung

Hände zu den Schultern heben und dann beim Einatmen mit einem oder beiden Armen ein vorgestelltes Gewicht entweder nach vorn oder zu den Seiten wegschieben. Es soll wirklich immer nur der Arm und Teil des Schultergürtels spannen, der gerade arbeitet. Der Körper bleibt kontrolliert entspannt. <u>Löst Verspannungen in Schultern und Nacken</u>.

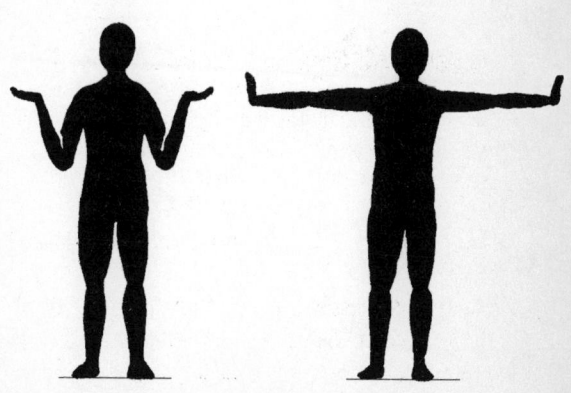

## 81. Übung

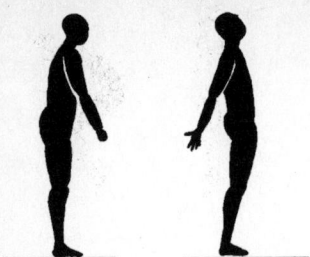

Man steht entspannt, die Arme hängen vor dem Körper. Während des Einatmens fällt der Kopf in den Nacken, die Arme schwingen leicht hinter den Körper. Während des Ausatmens kehren Kopf und Arme in ihre Ruheposition zurück. Nur die Halswirbelsäule bewegt sich, der Rücken bleibt aufrecht. Geht auch im Sitzen. Lockert und entspannt.

## 82. Übung

Schnell zu neuer Energie: Die beiden Füße stehen leicht auseinander, man gibt etwas in den Knien nach und hebt die Fersen vom Boden ab. Dazu die Hände zu Fäusten ballen und sich mit rundem Rücken etwas nach vorne neigen. Weiteratmend so bleiben, bis alles zittert. Danach ausschütteln. Der Kreislauf wird so kräftig angeregt.

## 83. Übung

Ganz entspannend wirkt es, wenn die Füße knapp hüftbreit stehen, man in den Knien etwas nachgibt, die beiden Ellenbogen auf den Knien aufstützt, die Stirn in die Hände legt und versucht, den Bauch auf die Oberschenkel sinken zu lassen. Ein Vibrieren in den Knien (je weniger, desto effektiver!) intensiviert die <u>Entspannung</u>.

## 84. Übung

Sie stehen in leichter Grätsche, gehen ein wenig in die Knie und stützen die flachen Hände so vor sich auf, daß sie mit den Füßen ein Quadrat bilden. Beim Einatmen werden die Beine ganz durch-

gestreckt (Hände und Füße tragen gleich viel Gewicht!), und mit
dem Ausatmen entspannen Sie. <u>Das kräftigt die Beinmuskulatur
und dehnt den Rücken</u>.


## 85. Übung

Die Beine sind in der Grätsche gestreckt. Die Hände werden so vor
den Füßen aufgestützt, daß sie mit ihnen ein Quadrat bilden. Auf
den Armen lastet nun ebensoviel Gewicht wie auf den Füßen. Mit
dem Einatmen wird ein Arm gehoben, mit dem Ausatmen gesenkt.
<u>Trainiert den Gleichgewichtssinn</u>.

# Besondere Liebesdienste für zwei

Am besten tut man sich Gutes auf Gegenseitigkeit. Natürlich ist man gern bereit, seinem Partner beim Überwinden von Kopfschmerzen oder eines Hexenschusses zu helfen. Aber erst freundliches Miteinander ohne den Notfall macht Partnerübungen zum Genuß – manchmal sogar zum Vorspiel für ausgedehntere Zärtlichkeiten.

Es geht immer darum, daß ein Partner ganz passiv bleiben darf und soll. Er braucht sich also nicht selbst zu entspannen, zu lockern und zu strecken, sondern er wird entspannt, gelockert, gestreckt. Dieses Sich-gehen-Lassen und dabei Bewegt-Werden ist jedesmal wieder ein Genuß, mit dem Ihr Partner Sie beschenkt oder mit dem Sie ihn beschenken. In wenigen Minuten können Sie sich so Liebesdienste erweisen, die stundenlang weiterwirken.

Auch die schon beschriebene 52. Übung macht mehr Spaß und hilft besser, wenn man sie zu zweit ausübt.

## 86. Übung

Bei Kreuzschmerzen und Überanstrengung im Lendenwirbelbereich wirkt diese kleine Übung wie Balsam. Der Verspannte legt sich mit dem Rücken auf eine Wolldecke, schließt die Augen, atmet ruhig und gleichmäßig und tut weiter gar nichts. Der Partner setzt sich eng hinter die Füße, die Beine weit aufgegrätscht. Mit einer

Hand faßt er unter die Ferse eines Fußes, mit der anderen über den Spann desselben Fußes. Dann lehnt er sich nur mit gestreckten Armen (!) schräg zurück, so daß ein Zug am Bein des Liegenden entsteht. Nur das eigene Körpergewicht wird eingesetzt. Jeweils im Atemrhythmus ziehen und wieder entspannen. Dabei eventuell die

Arme leicht vibrieren lassen, das Bein aber <u>nicht schütteln</u>! Je weniger das Bein vibriert, desto effektiver ist die Übung. Man kann auch mit den Händen unter beide Fersen des Partners greifen und beide Beine zugleich in die Länge ziehen. Auch hier gilt: Üben Sie beim Ziehen nicht aktiv Kraft aus, sondern setzen Sie nur Ihr Körpergewicht ein!

## 87. Übung

<u>Gegen Verspannungen von Rücken, Schulter und Nacken</u> hilft folgendes: Man legt sich am besten in Rückenlage auf den Boden, schließt die Augen und entspannt. Der Partner steht daneben, bückt sich, legt beide Hände flach seitwärts gegen das Becken, schiebt hebend (= rollt) dieses einige Zentimeter weg, läßt los, und das Becken rollt locker zurück. Die Bewegung schwingt leise nach,

bis der aktive Partner die Hüfte wieder (leicht!) anschiebt. Dieser
Impuls soll nur ganz sanft sein und darf den Stehenden keinesfalls
anstrengen.

## 88. Übung

Zum <u>Lockern des Rückens und Entspannen des Schultergürtels</u>
setzt sich der Verspannte auf den Boden, schlägt ein Bein unter wie

zum Schneidersitz und stellt den Fuß des anderen Beins jenseits
des eingeschlagenen Knies auf; dadurch wird das zweite Knie unter

dem Kinn hochgestellt. Auf dieses Knie legt der Sitzende seine Stirn und faßt rund um das aufgestellte Knie mit beiden Händen seine beiden Ellenbogen, die entspannt abwärts hängen; in dieser Haltung bleibt er ganz passiv. Der Partner stellt sich so hinter den Sitzenden, daß seine beiden Füße mit den Spitzen das Becken des Sitzenden einfassen und die Knie hinter dessen Rücken sind. Nun faßt der Stehende um die Ellenbogen des Sitzenden und zieht diese langsam mit dem Einatmen über dessen Kopf, wobei er mit seinen Knien den Rücken des Sitzenden behutsam nach vorne federt. Je mehr dieser sich gehen läßt, um so effektiver ist die Übung (zehnmal wiederholen).

## 89. Übung

Zum <u>Lösen von Kreuzschmerzen und zur Entspannung im Beckenraum</u> dient folgende Übung: Der Verspannte liegt bequem in Bauchlage, den Kopf auf ein Ohr gedreht. Ist das in der Halswirbelsäule zu anstrengend, legt er die Stirn auf den Boden. Der Partner steht eng neben dem Becken und stützt eine flache Hand auf den oberen Beckenrand; sein Arm ist gestreckt! Nun verlagert er einen

Teil seines Gewichts auf diesen Arm. Während die flache Hand fest auf das Becken drückt, streicht die andere Hand kräftig genau in der Taille hin und her.


## 90. Übung

Lockernd für den Schultergürtel wirkt folgendes: Der Verspannte legt sich passiv auf den Rücken, schließt die Augen und versucht, alles loszulassen. Der Partner steht neben einer Schulter und hebt mit seinen beiden Händen eine Hand des Liegenden in die Senkrechte. Ein leichtes Ermahnen oder Schütteln korrigiert, wenn dieser doch beim Heben helfen will. Der Arm muß wie ein nasser Lappen hängen.

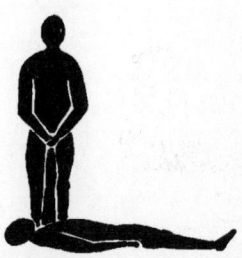

Jetzt wird dieser entspannte gehobene Arm langsam im Atemrhythmus aus dem Gelenk wenige Zentimeter senkrecht nach oben gezogen, so daß die Schulter sich jedesmal leicht vom Boden hebt. Mit der anderen Seite weitermachen.

# Yoga am Abend –
# Einschlafen leichtgemacht

Es gibt ein paar Regeln, die man beachten sollte, wenn man von Einschlaf- oder Durchschlafstörungen betroffen ist. Die letzte Mahlzeit sollte mindestens drei Stunden zurückliegen. Der Schlafraum soll Frischluftzufuhr haben. Die Nachtkleidung soll nicht beengen. Das Kopfkissen soll den Nacken, nicht den Hinterkopf stützen. Der Körper soll mehr in seiner eigenen Wärme als unter einer zu warmen Decke entspannen. Der »Schwamm« hilft, aus dem Tempo des Tages herauszufinden und die Flut der Gedanken verebben zu lassen.

### Der Schwamm

Man liegt bequem unter der Decke auf dem Rücken und konzentriert sich auf den eigenen Körper: Beobachten, wie der Atem von alleine fließt, sein gleichmäßiges Kommen und Gehen erleben. Den Rhythmus des Kreislaufs, das Pulsieren des fließenden Blutes spüren: in den Handtellern, in den Fußsohlen, den Kniekehlen, den Achselhöhlen, im Bauch und unter den Schläfen. Gleichgültig, wie schnell oder langsam der Puls ist, ruhige Beobachtung verlangsamt ihn.

Dann beginnt man träge mit ganz kleinen, einzelnen Spannungen und Entspannungen, jeweils im Auf und Ab des Atems; je dreimal in dieser Reihenfolge (das verlangt Konzentration und beruhigt allein dadurch das Durcheinander der Gedanken):

Füße strecken – entspannen (nur die Füße!)